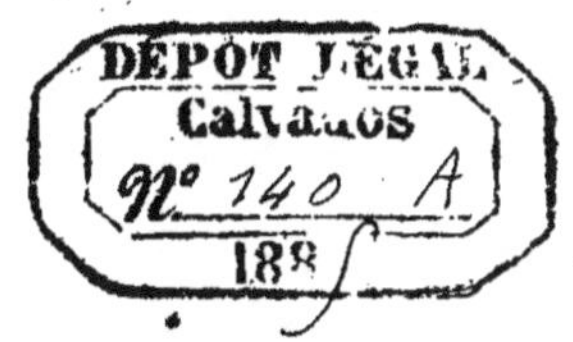

DÉLIBÉRATION

DU TRIBUNAL DE COMMERCE DE CAEN

SUR LE

PROJET DE RÉFORME

DE LA

LÉGISLATION DES FAILLITES

Prise le 31 Octobre 1885

SUR LE

RAPPORT

DE

M. L. SAVARE

DOCTEUR EN DROIT

JUGE SUPPLÉANT

CAEN

F. LE BLANC-HARDEL, LIBRAIRE-ÉDITEUR

RUE FROIDE, 2 ET 4

1885

DÉLIBÉRATION

DU TRIBUNAL DE COMMERCE DE CAEN

SUR LE

PROJET DE RÉFORME

DE LA

LÉGISLATION DES FAILLITES

Prise le 31 Octobre 1885

SUR LE

RAPPORT

DE

M. L. SAVARE

DOCTEUR EN DROIT

JUGE SUPPLÉANT

CAEN

F. LE BLANC-HARDEL, LIBRAIRE-ÉDITEUR

RUE FROIDE, 2 ET 4

—

1885

RÉVISION

DE LA

LOI SUR LES FAILLITES

DÉLIBÉRATION DU TRIBUNAL DE COMMERCE DE L'ARRONDISSEMENT DE CAEN

Prise le 31 octobre 1885

Le Tribunal de Commerce, invité par M. le Procureur général, au nom de M. le Garde des Sceaux, à formuler ses observations et vœux relativement aux modifications introduites dans la loi en projet sur les faillites, M. Savare, membre du Tribunal, a bien voulu se charger de faire un rapport sur cette question, et l'a soumis au Tribunal dans les termes suivants :

MESSIEURS ET CHERS COLLÈGUES.

Vous avez à apprécier un projet de loi remaniant entièrement le livre III du Code de commerce qui traite « des faillites et banqueroutes », projet de loi qui a déjà été soumis à l'examen de la Chambre des députés et approuvé par elle.

Depuis 1838, la loi sur les faillites n'a pas été l'objet de modifications importantes. Cette loi de 1838, bien faite et très-étudiée, n'avait longtemps soulevé aucune critique sérieuse. Toutefois, les leçons de l'expérience et les progrès du commerce ont amené diverses réclamations qui se sont fait jour dans plusieurs propositions législatives émanant tant du gouvernement que de l'initiative parlementaire. Elles ont toutes été fondues dans le projet de loi que nous allons étudier à grands traits avec vous, et pour lequel on sollicite vos réflexions, et, s'il y a lieu, vos critiques.

Les préoccupations de ses auteurs ont été inspirées par deux ordres d'idées qu'ils ont traduits dans les dispositions proposées par eux. C'est d'une part l'intérêt du failli : on le considère comme étant plus généralement malheureux que coupable ; on voit en lui la victime d'une fatalité qui ne lui est pas imputable. C'est, d'autre part, l'intérêt des créanciers : on s'est aperçu qu'un grand nombre de faillites n'ont donné qu'un dividende très-faible, quelquefois même dérisoire, et l'on s'est demandé s'il n'y aurait pas un moyen d'arrêter les opérations du failli avant qu'il n'eût dissipé la plus grande partie de son actif.

Nous avouons que de ces deux intérêts nous sommes beaucoup plus touché par le second que par le premier. Nous croyons exprimer la pensée de tous ceux qui ont connu beaucoup de faillites, en affirmant que les faillis sont rarement intéressants, — que, le plus souvent, c'est à leur faute ou au moins à leur imprudence qu'est due leur situation, — et qu'ils s'inquiètent généralement peu des créanciers, plus ou moins nombreux, qui souffrent de leur désastre. Ce qu'ils désirent, c'est de se tirer aussi avantageusement que possible de la situation fâcheuse dans laquelle ils se sont placés.

La preuve de ce que nous avançons résulte de l'excessive rareté des réhabilitations, malgré le nombre relativement plus important des faillis qui reviennent à meilleure fortune.

Il est vrai que la perspective de la faillite impressionne vivement tout commerçant quel qu'il soit ; que la perte de son crédit et de son honneur commercial, la privation de certains droits de citoyen, la publicité de la catastrophe la lui font

craindre beaucoup, et lui font faire tous les efforts imagi-
nables pour écarter ou retarder cette éventualité. Peut-être la
prolongation de cette lutte, de cette agonie a-t-elle souvent
lésé les intérêts des créanciers, en facilitant la disparition de
l'actif; et n'est-il pas sans intérêt de s'attacher à cette idée
et de chercher le moyen d'arrêter le débiteur avant que sa
situation ne soit irrémédiablement compromise.

Mais, d'un autre côté, il ne nous paraît pas que cette
crainte excessive de la faillite soit un sentiment mauvais
et d'un effet malheureux ; car, si plusieurs succombent dans
la lutte et en sortent plus meurtris que s'ils avaient été ar-
rêtés plus tôt, combien en sont sortis vainqueurs, et ont dû
leur salut et celui de leurs créanciers à ce sentiment très-vif
de l'honneur commercial qui flétrit le commerçant failli.
Nous ne voudrions donc pas, pour notre part, dans l'intérêt
de toutes les parties, que l'on facilitât trop au débiteur une
issue honorable d'une situation gênée, et qu'on lui fît envi-
sager sans crainte une liquidation qui léserait ses créanciers.

Que si des temps troublés et des malheurs publics amènent
des situations exceptionnelles, il sera toujours loisible au
législateur de créer des mesures spéciales pour ces circonstances spéciales comme il l'a fait notamment en 1870 et 1871
(loi du 22 avril 1871); et nous ne trouverons pas mauvais
que les débiteurs malheureux trouvent alors dans la loi une
protection et un soutien de leur honneur contre des évènements plus forts qu'eux. En temps normal, ces malheurs
immérités nous paraissent être l'exception ; or, la loi est faite
pour la généralité et non pour l'exception ; si l'on s'attachait
à une situation particulière très-intéressante, mais isolée, on
s'exposerait à léser le plus grand nombre.

C'est sous l'empire de ces idées que nous allons parcourir
le projet de loi sur les faillites et apprécier l'utilité et la portée
de ses dispositions nouvelles. Nous n'avons ni la prétention
ni le désir de faire un traité sur la matière ; nous nous borne
rons à vous exposer rapidement les principales modifications

proposées et, pour mettre un peu de clarté dans cet examen, nous les rattacherons à cinq idées principales :

1° L'institution nouvelle de la liquidation judiciaire ;

2° Les agents d'exécution : juges-commissaires, syndics, contrôleurs ;

3° Les modifications apportées à l'organisation des faillites ;

4° Les droits des femmes ;

5° Les effets de la liquidation judiciaire et de la faillite sur la personne du débiteur.

I.

LIQUIDATION JUDICIAIRE.

· La première et la plus importante innovation du projet de loi consiste dans l'organisation d'un régime nouveau auquel on a donné le nom de liquidation judiciaire.

On a remarqué que les faillites produisent des dividendes de moins en moins élevés, qu'elles sont le plus souvent déclarées lorsque le débiteur a épuisé tous les moyens pour rester à la tête de ses affaires, et que, au moment où il cesse ses opérations, toutes ses ressources sont généralement épuisées. Les créanciers se trouvent donc en présence d'un désastre.

Pour remédier à ce mal, on a cru utile d'intéresser le débiteur à interrompre son commerce aussitôt qu'il se trouve au-dessous de ses affaires, et de ne pas l'effrayer par la perspective d'une faillite.

On a pensé que, entraîné par des chances malheureuses et imbu d'un sentiment élevé d'honneur commercial, il reculerait indéfiniment le moment de la catastrophe si une trop grande publicité et des conséquences pénales trop sévères devaient marquer sa chute.

On a donc eu la pensée de créer parallèlement à la faillite une institution nouvelle destinée à faciliter aux débiteurs malheureux mais honnêtes la liquidation de leurs affaires, sans qu'il soit porté une atteinte trop grave à leur honneur. On y a vu une satisfaction donnée aux philanthropes qui trouvent trop rigoureuse la législation sur les faillites ; mais on a voulu lui donner comme condition le respect le plus grand des droits des créanciers et leur sauvegarde dans la mesure du possible.

C'est dans ce dernier ordre d'idées surtout que nous approuvons la création de la *liquidation judiciaire*.

Voici, résumée en six propositions, l'économie de l'organisation qui en est proposée :

Le débiteur doit adresser une requête au tribunal dans les dix jours de la cessation de ses paiements ;

Le Tribunal ordonne, s'il y a lieu, la liquidation judiciaire ;

Aussitôt il adjoint un liquidateur au débiteur pour l'administration de ses biens ;

Dans une première réunion, les créanciers entendent l'exposé de la situation et nomment deux contrôleurs choisis parmi eux ;

Les créances sont vérifiées et affirmées dans un délai aussi bref que possible ;

Après quoi le débiteur fait immédiatement à ses créanciers des propositions en vue d'un concordat. Si l'accord se fait, le débiteur est remis à la tête de ses affaires et ne subit que dans une très-faible proportion les graves conséquences personnelles résultant d'une faillite. On espère que l'appât de ces avantages l'engagera à ne pas négliger de se mettre en mesure pour remplir toutes les conditions exigées.

Nous allons examiner en quelques mots chacune de ces six phases de la liquidation judiciaire.

I. Le débiteur doit adresser une demande au Tribunal de Commerce, et cela dans les dix jours de la cessation de ses paiements. Cette dernière exigence est sage, puisque c'est le seul moyen d'empêcher que l'actif ne soit dissipé. Aussi, pensons-nous que les tribunaux devront y tenir avec beaucoup de fermeté ; ils devront réclamer la justification la plus complète que les paiements ont cessé dix jours au plus avant la requête ; et, s'ils ont été induits en erreur, il faudra qu'ils déclarent impitoyablement la faillite aussitôt que la vérité leur sera connue. Si des abus se produisaient, si, par suite d'une condescendance regrettable, la jurisprudence s'établissait de ne pas trop s'inquiéter de l'époque de la cessation des paiements, la liquidation judiciaire manquerait absolument son but et l'intérêt des créanciers serait sacrifié.

Le code de 1808, et après lui la loi de 1838, prévoyant le mal que l'on cherche à réparer aujourd'hui, avaient décidé que, dans les trois jours de la cessation de ses paiements, le failli devait en faire la déclaration au greffe du Tribunal de commerce ; faute de quoi il pouvait être déclaré banqueroutier simple et, par suite, déchu de la possibilité d'obtenir un concordat. Malheureusement, il y avait là une faculté laissée aux tribunaux ; par un sentiment de pitié mal placée, et à cause du très-court délai de trois jours accordé au créancier, la peine de la banqueroute n'a jamais été appliquée dans le cas indiqué. Les conséquences de cette erreur se sont fait vivement sentir. Et il importe, aujourd'hui que le délai accordé est de dix jours et que la loi très-affirmative en fait une condition *sine qua non* du bénéfice de la nouvelle institution, que les juges consulaires en exigent rigoureusement l'application.

II. Le Tribunal ainsi saisi peut ordonner la liquidation judiciaire. C'est pour lui une faculté. Il devra donc s'entourer de renseignements pour savoir si le débiteur est digne de cette faveur.

Il nous semble que l'on eût pu spécifier quelques-unes des conditions que celui-ci devra remplir. Celle que nous croirions le plus utile d'insérer dans le nouvel article 437, serait que le débiteur eût des livres régulièrement tenus, conformément à l'article 8 du Code de commerce. C'est une obligation jusqu'ici à peu près dénuée de sanction, et qui malheureusement est bien souvent éludée par les commerçants même importants. Or, l'irrégularité dans la tenue des livres, et à plus forte raison leur défaut, sont les causes les plus efficaces de désordre et d'imprévoyance dans les affaires. Le commerçant qui agit ainsi ne peut se rendre compte de sa situation ; il ne peut apprécier si ses dépenses sont en rapport avec ses gains, ni s'occuper activement du recouvrement de ses créances ; s'il vient à cesser ses paiements, il doit donc être taxé au moins d'une grave imprudence. C'est pourquoi il nous paraît juste et utile que l'on sanctionne cette obligation de la tenue régulière des livres de commerce, en en faisant une condition pour obtenir la liquidation judiciaire.

Le Tribunal aura à se préoccuper, en outre, de la moralité du débiteur, et il devra rejeter la demande de ceux dont l'intégrité commerciale lui paraîtrait suspecte. En un mot, la liquidation judiciaire doit être une faveur accordée à un commerçant malheureux, mais sans tache. Ce serait, selon nous, méconnaître son véritable caractère que de l'accorder à des gens qui n'en seraient pas dignes.

III. Le Tribunal désigne un administrateur judiciaire sous le nom de liquidateur. Nous reviendrons plus loin sur son choix en parlant des agents d'exécution. Pour le moment, examinons son rôle.

Suivant le projet de loi, il est simplement adjoint au débiteur pour l'aider à sortir de sa situation embarrassée et probablement le surveiller. Celui-ci, en effet, reste à la tête de ses affaires. Les auteurs du projet de loi ont, sans doute, voulu ménager sa susceptibilité et tenter de maintenir à peu près secrets les évènements qui vont se dérouler jusqu'au concordat.

Nous ne pouvons nous empêcher de trouver leur pensée un peu puérile et dangereuse : puérile, parce qu'avec la publicité d'un jugement et les formalités nécessaires, la situation du débiteur ne pourra guère être cachée au public, et que, comme elle est généralement due à sa propre imprudence, même dans les cas très-favorables, il nous semble exagéré de vouloir ménager à l'excès son amour-propre ; dangereuse, parce que si, ce qui arrivera souvent, le débiteur n'est pas aussi digne de sympathie qu'il a pu le paraître au premier abord, ce mystère et le maintien de l'administration entre ses mains pourront lui permettre d'agir au détriment de ses créanciers et de faire de nouvelles dupes.

Nous concluons donc, dans l'intérêt des créanciers, au dessaisissement du débiteur comme en cas de faillite et à la remise de l'administration aux mains du liquidateur. Il ne faut pas oublier que le dessaisissement a été l'une des principales améliorations du Code de 1808 et que l'on s'en est toujours bien trouvé.

Du reste, le juge-commissaire aurait naturellement le droit, s'il le jugeait utile, de décider qu'il ne sera pas fait inventaire et d'autoriser le liquidateur sous sa responsabilité à laisser le débiteur à la tête de son commerce.

IV. Dans une première réunion, convoquée à très-bref délai, les créanciers entendent un rapport du liquidateur sur la situation, et nomment deux contrôleurs. En ce qui concerne ceux-ci, nous chercherons à établir plus loin l'inutilité de ce rouage nouveau et demanderons qu'il n'en soit pas nommé dans la généralité des cas. Ce serait un objet de moins à cette première réunion.

Reste le rapport du liquidateur sur lequel nous ferons seulement observer qu'il sera forcément incomplet et partant peu utile. D'un autre côté, l'expérience prouve que les créanciers ne viennent presque jamais à cette première réunion. Or, sa suppression ferait gagner un temps précieux, tandis que le rapport qui ferait son seul objet, pourrait être, sans aucun inconvénient, renvoyé à la réunion de vérification des créances.

Nous proposons donc de la rendre seulement facultative et de s'en rapporter à la décision du juge-commissaire, qui ne l'ordonnerait que dans les circonstances graves et difficiles.

V. Dans un délai très-rapproché, se fera la vérification des créances. Les auteurs du projet pensent qu'au bout d'un mois ou six semaines cette formalité sera remplie. Sans doute ils ont raison, quand il ne se présentera pas de difficultés ; il suffira même souvent de moins de temps si, comme nous le demandons, la première réunion est supprimée.

Mais les contredits ou contestations sur la validité et l'importance des créances pourront toujours se produire ; et vous connaissez assez les lenteurs inséparables de toute procédure pour savoir que, malgré le zèle des magistrats consulaires, les délais seront parfois beaucoup plus longs.

Sur ce point, nous ne pouvons que nous borner à des vœux, sachant que tout texte de loi imposant la solution de ces difficultés dans un délai déterminé très-court, comme quelques-uns l'ont demandé, demeurerait forcément lettre morte.

VI. Aussitôt après la vérification, les créanciers sont convoqués pour délibérer sur le concordat.

Pour qu'il puisse exister, le projet de loi n'exige d'autre condition que l'acceptation des offres du débiteur par la moitié plus un de tous les créanciers affirmés en nombre, représentant les deux tiers des créances en somme. L'ancienne loi exigeait les trois quarts en somme. On a pensé que, sans nuire au plus grand nombre, la modification proposée faciliterait l'acceptation du concordat, qui parfois a été rejeté par suite de l'opposition ou même de l'injuste animosité d'un seul.

On a considéré comme désirable qu'il puisse être plus facilement obtenu à l'issue d'une liquidation judiciaire dont il est le couronnement naturel.

Mais il faut que ce concordat soit toujours avantageux pour les créanciers, et il serait profondément regrettable que ceux-ci pussent être entraînés à accepter des propositions désastreuses.

Or, nous faisons au projet de loi le grave reproche de

conduire à ce résultat, en n'imposant pas au débiteur d'autres conditions que les deux majorités en nombre et en somme.

Que l'on n'oublie pas, en effet, que si « le concordat est un honneur », suivant le mot très-juste de Bravard-Veyrières, cela est vrai surtout après la liquidation judiciaire où il efface presque complètement le passé. Le débiteur doit donc s'en être rendu digne non-seulement par sa conduite, mais surtout en sauvegardant le gage de ses créanciers et en leur conservant un actif important.

Rappelons-nous, d'un autre côté, que la liquidation judiciaire, instituée spécialement dans l'intérêt des créanciers, ne doit pas être pour eux une liquidation désastreuse, et qu'elle ne produira son effet bienfaisant que si elle leur procure un dividende relativement élevé.

Nous demandons, en conséquence, qu'il soit fixé un minimum de dividende au-dessous duquel le concordat ne pourra être accordé. Cette mesure aura l'avantage d'être un stimulant pour les parents et les amis du débiteur, qui feront au besoin des sacrifices, afin de l'aider à réunir les ressources nécessaires pour compléter le minimum exigé.

Quant à son chiffre, nous proposons de le fixer à 50 %, versés immédiatement ou dans le délai d'une année.

Cela ne doit pas paraître exagéré si l'on pense que, les opérations du débiteur ayant été arrêtées au plus dix jours après la cessation de ses paiements, il n'aura pas eu le temps de dissiper son actif en efforts imprudents pour prolonger sa vie commerciale.

Voilà très-rapidement exposée la liquidation judiciaire telle que nous la comprenons. C'est, en un mot, une procédure exceptionnelle, instituée surtout dans l'intérêt des créanciers, et dont bénéficient les débiteurs malheureux et dignes d'intérêt. Ceux-ci y trouvent, comme récompense de leur honorabilité et de la perte relativement peu importante qu'ils infligent à leurs créanciers, une exonération presque complète des terribles conséquences d'une faillite.

II.

AGENTS D'EXÉCUTION DE LA FAILLITE ET DE LA LIQUIDATION JUDICIAIRE.

Les personnalités que le nouveau projet de loi fait intervenir sont au nombre de trois.

I. *Le juge commissaire*. — Sa fonction très-efficace de directeur et surveillant n'est pas modifiée. On semble même vouloir lui donner une action plus directe sur la marche de la liquidation ou de la faillite. On lui reconnaît le droit d'entrer directement en relation avec le débiteur, ses commis et employés, et de se renseigner auprès d'eux. Sans doute il eût été bien difficile de lui contester ce droit sous l'empire de la loi de 1838, mais on semble avoir voulu indiquer par là que son action devra être très-personnelle et parallèle à celle du syndic.

Nous avouons que, pour notre part, nous regretterions de voir s'accentuer cette tendance qui, en créant une sorte de dualité dans la direction, lui serait plus nuisible que profitable. Nous pensons que, d'une part, le syndic doit agir vis-à-vis du juge commissaire avec une grande confiance, le consulter, le tenir au courant de tous les faits importants, ne lui cacher aucune difficulté, et que de son côté le juge commissaire doit soutenir et encourager le syndic, exciter son zèle, le retenir dans des ardeurs excessives, et l'aider de son autorité toutes les fois qu'elle pourra servir à prendre des mesures utiles.

C'est par cette communauté de direction et de vues que l'on arrivera à une bonne administration, bien plutôt que par un système de soupçon et de méfiance.

II. *Le syndic, liquidateur ou administrateur judiciaire*. — On a voulu changer le nom de l'administrateur des faillites et liquidations judiciaires. C'est une médiocre innovation, d'autant qu'il sera bien difficile de déraciner un ancien usage. On reconnaît encore là le désir peu justifiable de ménager les susceptibilités excessives du débiteur.

Vous savez qu'actuellement les fonctions de syndic sont généralement attribuées par le Tribunal à des hommes investis de sa confiance, et pour cela nommés agréés, qui exercent auprès de lui en nombre limité. Ce système a été une des principales innovations de la loi de 1838. Le Code de 1808 faisait administrer les faillites par des créanciers. Ce mode de procéder ayant donné de mauvais résultats, on décida, en 1838, que le Tribunal de commerce pourrait choisir comme syndics des personnes étrangères à la masse. L'usage s'en est établi peu à peu, et cette mesure s'imposait tellement que les fonctions de syndic ne sont plus guère exercées aujourd'hui que par une classe de gens qui en fait sa profession, à l'exclusion de tout créancier.

Le projet de loi nouveau, au lieu de consacrer l'état de choses existant, maintient les dispositions de la loi de 1838, et laisse aux tribunaux le droit de choisir les syndics, soit parmi les créanciers, soit en dehors d'eux. Cela tient à ce que quelques-uns de ses auteurs, mus par un sentiment de méfiance inexplicable contre ces utiles auxiliaires des Tribunaux de commerce, eussent voulu revenir à l'ancien système, ou du moins enlever aux agréés le privilège de fait qu'ils possèdent.

Nous tenons à protester en passant contre cette tendance. A en juger, en effet, par ce que nous avons sous les yeux dans le Tribunal auquel nous avons l'honneur d'appartenir, l'institution des syndics-agréés, qui s'est imposée par la force des choses, est excellente et rend de grands services. Ce sont, en général, des hommes intègres, dont l'honorabilité est garantie par le choix qu'en fait le Tribunal, capables, rompus aux affaires, excellents dans l'administration des faillites, à cause de leur grande expérience de ces matières, ce qui les rend bien préférables à des créanciers inexpérimentés et souvent sollicités par leur intérêt personnel.

Nous ne pouvons trouver mauvaises cependant les mesures qui leur sont imposées par les articles 503 et 504 nou-
veaux, relativement à l'emploi des fonds provenant des faillites. Ce sont des mesures de précaution, qui doivent écarter
d'eux jusqu'au soupçon, et qui, du reste, sont déjà appliquées
par presque tous les tribunaux.

III. *Les contrôleurs.* — Le projet de loi crée un rouage
nouveau sous le nom de contrôleurs. On a voulu intéresser
les créanciers à l'administration des biens du débiteur, en
leur faisant nommer deux d'entre eux, dans toutes les faillites
et liquidations judiciaires, pour surveiller cette administration et y participer.

Nous sommes convaincu, pour notre part, que c'est là
une utopie.

Outre que le moindre inconvénient de leur présence serait
de susciter au syndic et même au juge-commissaire des ennuis
et des difficultés sans nombre, nous craindrions qu'elle ne
créât deux graves dangers.

D'abord il sera le plus souvent impossible, surtout dans les
petites faillites, de réunir un nombre suffisant de créanciers
pour les nommer.

Vous savez combien peu se rendent généralement à la
première convocation, celle dite du syndicat. La nomination
de contrôleurs ne sera pas un attrait assez puissant pour
les y attirer. Et dès lors, quelle autorité auront ces contrôleurs s'ils sont nommés par un nombre infime de créanciers ?
Du reste, nous pensons que, la plupart du temps, il ne s'en
trouvera pas qui soient disposés à accepter ces fonctions
obscures, difficiles, qui ne donneront ni considération, ni
honneur, ni profit, mais seulement des ennuis, à moins qu'ils
ne soient guidés par l'intérêt personnel.

Or, c'est là le second danger et le plus grave de cette
innovation. Les contrôleurs nommés, s'il s'en trouve, seront
forcément l'objet de la suspicion des autres créanciers, et
il leur sera bien difficile à eux-mêmes de ne pas tenter,

même involontairement, de faire leur condition meilleure que celle des autres. C'est un sentiment instinctif, dont vous avez chaque jour l'exemple dans les procès en rapport, lorsque des créanciers, avec la meilleure foi du monde, cherchent, à la veille d'une faillite, à se tirer d'affaire au détriment de la masse. Quelle pourrait être l'attitude des contrôleurs dans une affaire de ce genre où ils seraient directement intéressés? Pour nous, il est toujours dangereux de mettre aux prises le devoir et l'intérêt personnel, et le législateur ne doit jamais le permettre.

C'est pour cela que nous pensons que le meilleur et le plus impartial surveillant ou agent d'exécution dans une faillite et une liquidation sera celui qui n'y aura aucun intérêt personnel, mais qui possèdera une grande expérience de ces sortes de choses.

La thèse que nous soutenons n'est pas nouvelle. En 1808, on chargea les créanciers de l'administration des faillites. Tous les inconvénients que nous venons de relater : difficulté de les recruter, — recherche de l'intérêt personnel, — inexpérience, s'étaient produits. De là la loi de 1838. Or, nous sommes persuadé que la mesure proposée, quoiqu'en faisant intervenir les créanciers d'une façon différente, ne produirait pas de meilleurs résultats.

Du reste, les Tribunaux de commerce et les juges-commissaires n'exercent-ils pas une surveillance suffisante? Ne sont-ils pas là pour prendre à l'occasion des mesures extraordinaires si elles sont nécessaires? Les auteurs du projet de loi ont été frappés sans doute de quelques faits spéciaux qui se sont produits dans des faillites très-importantes. Le souvenir de ce qui s'est passé au milieu de nous dans de telles circonstances, nous donne la conviction que, même alors, la présence de contrôleurs eût été un embarras et un danger.

Nous concluons donc très-fermement au rejet absolu de cette innovation.

III.

MODIFICATIONS RELATIVES AUX FAILLITES.

Le projet de loi fait à l'ancien fonctionnement des faillites quelques modifications en général sages et utiles.

C'est ainsi que l'affirmation des créances est supprimée et remplacée par une simple signature du créancier. C'est plus facile et tout aussi sûr. La cérémonie supprimée n'avait aucune utilité.

Les articles 479 et 480 du projet modifient l'économie des articles 446 et 447 du Code de commerce. Vous savez que ces articles indiquent quels sont les actes du débiteur qui *doivent* être annulés, et quels sont ceux que le Tribunal a la *faculté* d'annuler ou de ne pas annuler.

On décide d'abord que la nullité obligatoire ne s'appliquera qu'aux actes faits à partir du jour même de la cessation des paiements et non plus à ceux faits dix jours avant cette date, ce qui est juste du moment que celle-ci est bien déterminée. La différence qui existait à ce point de vue entre les articles 446 et 447 n'avait pas sa raison d'être.

En second lieu, le paiement des dettes échues, effectué même en espèces et en effets de commerce, *devra* être annulé du moment qu'il aura eu lieu avec la connaissance de la cessation de paiements. Cette disposition nous paraît équitable, l'égalité étant la grande loi des faillites, surtout lorsque le créancier ne peut plus arguer de sa bonne foi. Les Tribunaux ne conservent leur latitude d'appréciation que pour les autres actes à titre onéreux.

L'article 602 facilite certaines formalités de la réhabilitation, ce que l'on ne saurait trop approuver.

Nous avons pourtant une critique à faire. Les auteurs du projet de loi ont sans doute considéré, bien à tort selon nous, que dorénavant la faillite sera l'exception et qu'elle interviendra seulement comme la punition des rares débiteurs qui n'auront pu obtenir la liquidation judiciaire à cause de l'excessive gravité de leur conduite envers leurs créanciers ; et ils ont refusé impitoyablement le concordat à tous les faillis, sans songer que ce système était en contradiction avec le maintien de l'excusabilité. Pour nous, qui voudrions que la faillite restât la règle, et que la liquidation judiciaire fût une situation privilégiée et exceptionnelle, nous demandons que les faillis puissent encore obtenir un concordat ; car, dans notre manière de voir, il pourra s'en trouver qui seront dignes de quelque intérêt, et surtout qui proposeront aux créanciers des conditions réellement avantageuses. C'est souvent, il ne faut pas l'oublier, afin de lui obtenir un concordat, que les parents et les amis du débiteur prennent à leur charge une partie du passif et, à ce moment, que des ressources ignorées se découvrent.

Il y aurait ainsi deux sortes de concordats pouvant intervenir l'un après la liquidation judiciaire, l'autre après la faillite. Chacun d'eux serait soumis à des conditions différentes et produirait des effets différents.

Enfin, il y a deux modifications à l'état de choses actuel sur lesquelles le projet de loi est muet et qui nous paraîtraient cependant fort utiles.

Dans un certain nombre de faillites, surtout celles dont l'actif est peu considérable, la plus grande partie de celui-ci est souvent absorbée par le privilège accordé au propriétaire, tant pour les loyers échus que pour l'année courante et l'indemnité de résiliation. Nous voudrions voir encore restreindre ce privilège, bien qu'une loi récente du 12 février 1872 en ait déjà diminué l'étendue. Il est de l'intérêt de tous que le propriétaire soit très-diligent dans le recouvrement de ses loyers, et ne laisse pas s'accumuler les termes impayés. S'il n'exige pas un paiement régulier, il induit en erreur les autres créanciers sur la situation du débiteur. Quant à l'indemnité dite de relocation, nous ne croyons guère possible de la restreindre. Sans doute, une boutique ou des magasins pourront parfois trouver preneur dans un

délai moindre qu'une année ; mais lorsqu'il s'agira d'un éta-
blissement industriel, comme une usine ou une manufacture,
ce délai sera à peine suffisant. Nous considérons donc comme
suffisant, mais nécessaire, d'étendre le privilège du bailleur
aux six derniers mois échus, au terme courant, et, en cas
de résiliation, à une année en sus, indépendamment des
réparations locatives.

Il nous reste à dire un mot du report des faillites. Il s'est
établi une jurisprudence qui reporte les faillites à des dates
très-éloignées, parfois antérieures de plusieurs années à celles
de leur déclaration. D'où, comme conséquence, la multiplicité
des actions en rapport et en nullité de garanties. Sans
doute, il peut arriver que cette manière de procéder ramène
quelques ressources à la masse ; et nous reconnaissons qu'elle
est basée sur la grande loi d'égalité qui domine la législation
des faillites ; mais, d'un autre côté, il nous paraît excessif
de les reporter à une date trop éloignée. Si cette jurisprudence est maintenue, un commerçant gêné ne trouvera
bientôt plus aucun crédit et ne pourra plus concéder aucune
garantie : on craindra toujours l'éventualité d'une action
en rapport. La bonne foi qui préside habituellement aux
opérations commerciales ne pourra guère s'allier avec ce
régime de méfiance permanente. Nous croyons donc qu'il
serait juste de fixer une limite au-delà de laquelle la faillite
ne pourrait être reportée, par exemple deux ans avant sa
déclaration. Quelques-uns ont demandé un an ; dans un
grand nombre de circonstances, ce laps de temps ne serait
pas suffisant, notamment lorsqu'il s'agit d'opérations commerciales faites à l'étranger.

Mais, si nous sommes d'avis de limiter ainsi la période des
rapports et des annulations d'actes à titre gratuit ou onéreux, c'est à la condition que cette disposition nouvelle aurait
deux corollaires.

Nous voudrions d'abord qu'une peine très-sévère fût édictée
contre le débiteur dont la cessation effective des paiements
remonterait au-delà de la limite légale. Il est nécessaire,

en effet, que les créanciers éloignés ou peu exigeants soient
protégés contre les entreprises et les ruses de ceux qui,
après s'être fait donner des garanties spéciales, prolonge-
raient d'une manière factice l'existence commerciale de leur
débiteur, de façon à ce que les actes leur conférant ces
garanties ne se trouvassent pas compris dans la période
suspecte.

Nous excepterions, en second lieu, toutes les actions de
droit commun susceptibles de procurer un rapport à la masse,
lesquelles pourraient toujours être exercées, même si l'acte
incriminé était antérieur à la date du report ; il en serait
ainsi, par exemple, des actions en répétition de l'indu
(art. 1235, C. civ.), en nullité des actes faits par le débiteur en fraude des droits des créanciers (art. 1167, C. civ.),
etc., etc.

IV.

DROITS DES FEMMES.

Le projet de loi que nous étudions ne change rien à la
situation des femmes ni à leurs droits en cas de faillite du
mari.

Nous comprenons la pensée du législateur et nous pensons
que, dans l'état de nos mœurs, il eût été bien difficile d'asso-
cier la femme au désastre financier de son mari, comme
quelques-uns le demandaient.

Sans doute, malgré l'émancipation pécuniaire que lui fait
la loi, il n'en reste pas moins à la femme un devoir strict :
c'est de consacrer ses ressources personnelles à désintéresser
les créanciers de son mari, à empêcher son déshonneur commercial ou au moins à en atténuer les effets. Quelques faci-
lités et quelques latitudes qui lui soient laissées, il ne lui est
pas permis d'oublier qu'elle doit toute sa fortune au nom
qu'elle porte. Et nous n'admettons pas même que l'on nous
objecte l'intérêt des enfants ; car nous sommes de ceux qui

pensent qu'un nom sans tache et un héritage d'honneur valent mieux que la plus opulente succession. Grâce à Dieu, l'opinion publique des commerçants sait toujours flétrir les femmes qui vivent dans le luxe auprès des créanciers ruinés par leur époux.

Les auteurs du projet de loi ont cru préférable de s'en rapporter à la conscience de chacune pour l'exécution de ce devoir. Nous ne les en blâmons pas. Vouloir l'imposer eût été contraire à toutes les règles de notre droit ; et d'ailleurs le sacrifice obligatoire n'aurait plus de mérite.

Mais du moins devaient-ils rendre aussi peu onéreux que possible aux créanciers l'exercice des revendications de la femme.

Or, la première manifestation qu'elle en fait, c'est de demander sa séparation de biens. Cette demande, dont la solution en sa faveur est de droit (art. 443, C. civ.), entraîne des dépenses relativement élevées qui restent à la charge des créanciers, et qui, dans les petites faillites, absorbent souvent une très-large part de l'actif.

D'un autre côté, il est pourtant impossible de décider que ces dépenses seront à la charge de la femme.

Mais nous nous sommes demandé pourquoi, puisque la solution à intervenir n'est jamais douteuse, le législateur ne déciderait pas que cette séparation de biens est une conséquence légale de la faillite, laquelle se produirait *ipso facto*, sans instance, et serait prononcée en même temps que la déclaration de faillite.

Les créanciers y gagneraient des frais élevés, et ils ne pourraient rien y perdre, puisque rien n'empêcherait la femme, désormais chargée de l'administration de sa fortune, de la consacrer en tout ou en partie à désintéresser les créanciers de son mari.

Quant aux tiers, ils seraient suffisamment prévenus par la publicité du jugement déclarant la faillite.

Il n'y aurait d'objection possible que si cette mesure pouvait devenir, tôt ou tard, préjudiciable à la femme. Le seul cas, dans lequel cela pourrait se présenter, serait celui où le mari, revenant à meilleure fortune, il serait plus avantageux pour elle d'être commune en biens que séparée de biens. Or, dans le système du projet de loi, cela n'arrivera jamais, puisqu'un failli n'y peut pas obtenir de concordat. Si, au contraire, on adoptait notre amendement sur ce point, il serait facile de décider qu'après le concordat et dans un délai déterminé, la femme aurait la faculté de revenir au régime qui la régissait avant la déclaration de faillite. Il en serait naturellement de même en cas de réhabilitation.

Rien ne s'oppose donc, il nous semble, à ce que la séparation de biens devienne une conséquence légale de la faillite. Nous réclamons l'insertion au projet de loi d'une disposition dans ce sens.

V.

EFFETS DE LA LIQUIDATION JUDICIAIRE ET DE LA FAILLITE
SUR LA PERSONNE DU DÉBITEUR.

Le couronnement du projet de loi se trouve dans les conséquences pénales qui sont la suite pour le débiteur, soit de la liquidation judiciaire, soit de la faillite.

Quelques jurisconsultes, frappés de l'intérêt du débiteur, avaient proposé de supprimer toutes ces conséquences, sauf en cas de banqueroute simple ou frauduleuse. Les auteurs du projet de loi ont, avec raison, protesté contre ce système. « Il ne faut pas, a dit très-justement le rapporteur, que les « commerçants considèrent comme une simple formalité le « règlement de leurs affaires. »

D'un autre côté, ils ont voulu, en exonérant le débiteur qui a obtenu un concordat à la suite d'une liquidation judiciaire, de presque toute pénalité, l'encourager à mériter cette faveur par son honorabilité et la conservation de la plus grande partie du gage de ses créanciers.

On ne lui enlève, en conséquence, aucun de ses droits

civils et politiques. Toutefois, il cesse d'être éligible aux Tribunaux ou Chambres de Commerce, aux Conseils de Prud'hommes et aux Chambres consultatives des Arts et Manufactures. Ces situations, en effet, qui sont le couronnement des carrières commerciales sans tache, ne constituent pas des droits, mais des récompenses. Et il est juste qu'un débiteur honnête, mais qui a un jour failli à ses engagements, ne puisse les obtenir. Il faut bien qu'il reste une différence en faveur de celui qui aura eu l'énergie de se faire réhabiliter.

Mais si l'on traite avec cette douceur une catégorie que l'on considère comme honorable et digne d'intérêt, il était équitable et nécessaire de montrer plus de rigueur envers les débiteurs faillis, n'ayant pas obtenu le bénéfice de la liquidation judiciaire. Que leur désastre ait été dû à leur incapacité, à leur imprudence ou à leur improbité, ils ne doivent pas moins en demeurer responsables aux yeux de leurs concitoyens. Le sentiment très-vif parmi nous de l'honneur commercial, flétrit impitoyablement le commerçant qui a manqué à ses engagements, et ne permettrait pas qu'il redevînt, après sa chute, l'égal de celui qui, au prix des plus courageux efforts, n'a jamais failli ou s'est réhabilité. Et puis, nous ne saurions trop le répéter, la perspective de la faillite et des incapacités qu'elle entraîne engendre une crainte salutaire qu'il serait regrettable de faire disparaître.

Seulement nous comprenons qu'il y ait une gradation dans cette pénalité et nous approuvons les auteurs du projet de loi d'avoir distingué entre le failli excusable et celui qui a été déclaré non excusable. C'est une sanction heureuse de la déclaration d'excusabilité, qui en était privée depuis la suppression de la contrainte par corps.

Le failli excusable redevient électeur, mais cesse d'être éligible à toute fonction élective. Peut-être n'eût-il pas été excessif de le priver de ses droits électoraux consulaires et de lui imposer ainsi une pénalité apparente qui servît d'exemple aux autres commerçants.

Le failli non excusable reste soumis à toutes les incapacités édictées par la loi actuelle contre les faillis.

Quant aux banqueroutiers simples ou frauduleux, ils demeurent passibles des pénalités édictées contre eux par le Code pénal.

Telles sont, Messieurs et chers Collègues, les principales modifications apportées à la loi actuelle sur les faillites par le projet de loi dont l'examen nous a été confié.

Elles ont été dictées, en général, par des sentiments justes, mais que nous craindrions de voir exagérer. Le législateur ne doit jamais oublier, en effet, que, dans une faillite ou une liquidation, le principal intérêt à sauvegarder est celui du créancier; celui du débiteur ne peut être pris en considération que s'il se concilie avec le premier. Il doit se rappeler que, pour le commerçant, le devoir le plus strict qui domine tout intérêt, même celui de la famille, est de faire honneur à ses engagements. Et si nous autres, Messieurs, qui sommes commerçants, nous sommes si jaloux et si fiers de cet honneur commercial, c'est que, dans nos difficultés de chaque jour, il fait notre principale richesse et notre plus grande force.

En conséquence, Messieurs, nous avons l'honneur de vous proposer l'approbation du projet de loi qui vous est soumis, sauf les modifications ou adjonctions suivantes :

Pour la liquidation judiciaire :

1° Que le débiteur soit tenu de justifier que ses livres de commerce sont régulièrement tenus ;

2° Que le débiteur soit dessaisi comme dans la faillite ;

3° Que la première réunion des créanciers, antérieure à la vérification des créances, ne soit pas obligatoire et qu'elle soit convoquée seulement sur une ordonnance du juge-commissaire ;

4° Qu'il ne soit pas créé de contrôleurs ;

5° Que pour obtenir un concordat, le débiteur soit tenu de proposer un dividende de 50 °/₀ à verser immédiatement ou dans le délai d'une année ;

Pour la faillite :

6° Que, de même que pour la liquidation judiciaire, la création des contrôleurs ne soit pas maintenue ;

7° Que le privilège du propriétaire soit réduit à six mois échus, au terme courant, et, en cas de résiliation à une année en sus, indépendamment des réparations locatives ;

8° Que le concordat puisse être consenti aux faillis ;

9° Que la faillite ne puisse pas être reportée à plus de deux ans avant la date de sa déclaration, en ajoutant d'une part que si la cessation de paiements remonte réellement à une date plus reculée, le débiteur sera passible d'une peine très-sévère, et, d'autre part, que les actions de droit commun pourront toujours être exercées même si elles s'appliquent à des actes plus anciens ;

10° Que la séparation de biens soit une conséquence légale de la faillite ;

11° Que le failli excusable ne soit pas électeur aux tribunaux de commerce.

Après lecture du rapport de M. Savare et de ses conclusions, le Tribunal a examiné et discuté les considérations développées dans ledit rapport et a pris ensuite la délibération suivante :

Sur la liquidation judiciaire.

1re Proposition. — N'accorder la liquidation que si les éléments d'une comptabilité régulière sont produits par le débiteur.

2e Proposition. — Comme dans les faillites, le débiteur doit être dessaisi de l'administration, qui devra être remise aux mains des liquidateurs.

3e Proposition. — Que la première réunion des créanciers, antérieure à la vérification des créances, ne soit pas obligatoire et qu'elle soit convoquée seulement sur une ordonnance du juge-commissaire.

4e PROPOSITION. — Qu'il ne soit pas créé de contrôleurs, rouage inutile.

5e PROPOSITION. — Que le minimum, pour obtenir le concordat, ne soit pas limité, et que l'homologation soit laissée à l'appréciation des Tribunaux.

Sur les faillites.

6e PROPOSITION. — Que, de même que pour la liquidation judiciaire, la création des contrôleurs ne soit pas maintenue.

7e PROPOSITION. — Que le privilège des propriétaires soit réduit aux six mois échus et aux six mois à échoir, après la rentrée du propriétaire en possession des objets loués.

8e PROPOSITION. — Qu'un concordat puisse être accordé même aux faillis, lorsqu'ils seront déclarés excusables.

9e PROPOSITION. — Que le report de la faillite ne puisse excéder une année.

10e PROPOSITION. — Que la séparation de biens soit une conséquence légale de la faillite.

11e PROPOSITION. — Que le failli excusable ne soit pas électeur des Tribunaux de commerce.

Les membres du Tribunal approuvent les conclusions du rapport ainsi modifiées et décident que ce rapport sera imprimé et qu'il en sera adressé un exemplaire à M. le

Procureur général près la Cour d'appel et à M. le Rapporteur de la Commission parlementaire.

MM. TAPPER, *Président.*

F^d GUÉRARD-DESLAURIERS,
Ch. COLAS,
LE BLANC-HARDEL,
ADELUS,

} *Juges.*

F. JACQUIER,
Émile BURES,
L. SAVARE,
LEBOEUF,

} *Juges suppléants.*

Paul LAHAYE, *Greffier.*